EL SONIDO

POR SALLY M. WALKER
FOTOGRAFÍAS POR ANDY KING

EDICIONES LERNER • MINNEAPOLIS

Fotografías adicionales reproducidas con la autorización de: © Howard Ande, pág. 7; PhotoDisc Royalty Free de Getty Images, págs. 16, 22; © Gerry Ellis, pág. 38; © Joe McDonald/CORBIS, pág. 40; © Merlin D. Tuttle, Bat Conservation International, pág. 41; © Lawrence Migdale/Photo Researchers, Inc., pág. 42.

La edición en español fue realizada por un equipo de traductores hablantes nativos del español de translations.com, empresa mundial dedicada a la traducción.

ediciones Lerner
Una división de Lerner Publishing Group, Inc.
241 First Avenue North
Minneapolis, MN 55401 EUA

Dirección de Internet: www.lernerbooks.com

Library of Congress Cataloging-in-Publication Data

Walker, Sally M.
  [Sound. Spanish]
  El sonido / por Sally M. Walker; fotografías por Andy King.
    p. cm. — (Libros de energía para madrugadores)
  Includes index.
  ISBN 978–0–8225–7722–5 (lib. bdg. : alk. paper)
  1. Sound—Juvenile literature. I. King, Andy, ill. II. Title.
QC225.5.W31418 2008
534—dc22   2007004100

Fabricado en los Estados Unidos de América
1 2 3 4 5 6 7 – DP – 13 12 11 10 09 08

CONTENIDO

DETECTIVE DE PALABRAS

¿Puedes encontrar estas palabras mientras lees sobre el sonido? Conviértete en detective y trata de averiguar qué significan. Si necesitas ayuda, puedes consultar el glosario de la página 46.

átomos	molécula	tono
eco	ondas de sonido	ultrasonido
infrasonido	reflejar	vibraciones
materia	ruido	

Algunos sonidos nos gustan más que otros. ¿Cómo llamamos a los sonidos que nos molestan?

CAPÍTULO 1
¿QUÉ ES EL SONIDO?

Aplaude. Susurra tu nombre. ¿Qué oyes? Oyes un sonido. Nos gusta oír algunos sonidos. Pero sonidos como el de una uña que raspa un pizarrón molestan a muchas personas. A los sonidos que nos molestan los llamamos ruido.

Los animales producen sonidos. También las máquinas. El viento que sopla por los árboles hace sonidos. ¿Cómo se crea el sonido?

El sonido comienza cuando un objeto se mueve hacia adelante y hacia atrás muy rápidamente. Este movimiento se llama vibración.

Esta excavadora trabaja en una ruidosa obra en construcción.

Ponte una liga alrededor de los pulgares. Puntea la liga con el dedo meñique. Esto hace un sonido.

Observa la liga. Puedes verla vibrar. Las vibraciones se mueven a través del aire y llegan a tus oídos. Es entonces que oyes el sonido.

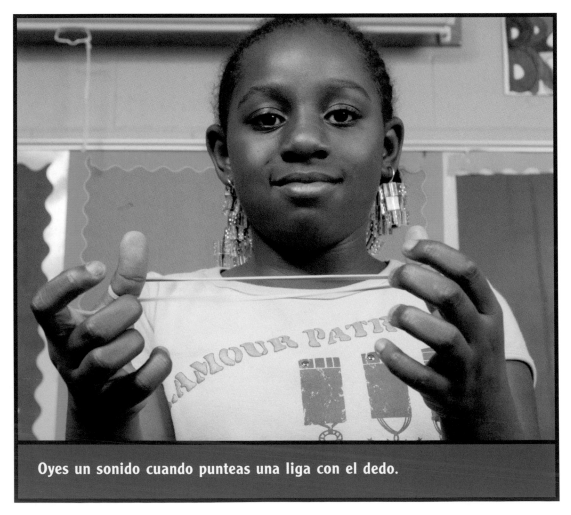

Oyes un sonido cuando punteas una liga con el dedo.

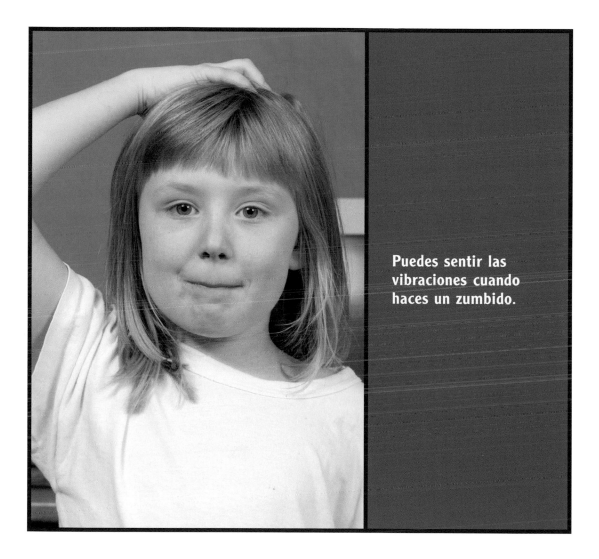

Puedes sentir las vibraciones cuando haces un zumbido.

También puedes sentir las vibraciones. Coloca una mano encima de tu cabeza y haz un zumbido fuerte. La sensación de hormigueo en tu mano proviene de las vibraciones que creas al hacer el zumbido.

El sonido se mueve de un lugar a otro a través de la materia. Cualquier cosa que ocupa espacio o puede pesarse es materia. La materia forma todo lo que te rodea. La materia puede ser un sólido, como una mesa o una silla. La materia puede ser un líquido, como el agua. O puede ser un gas. El aire que respiras es un gas.

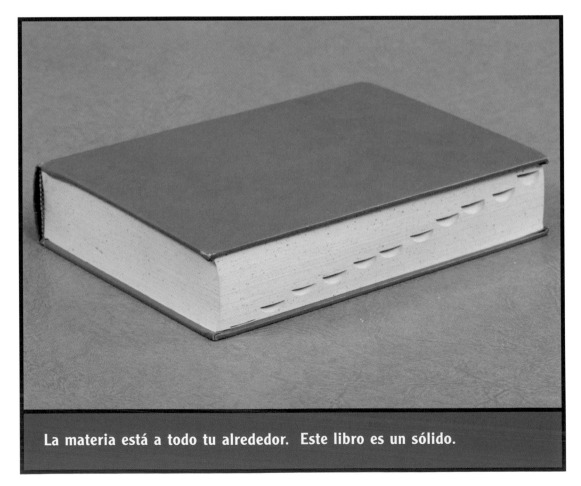

La materia está a todo tu alrededor. Este libro es un sólido.

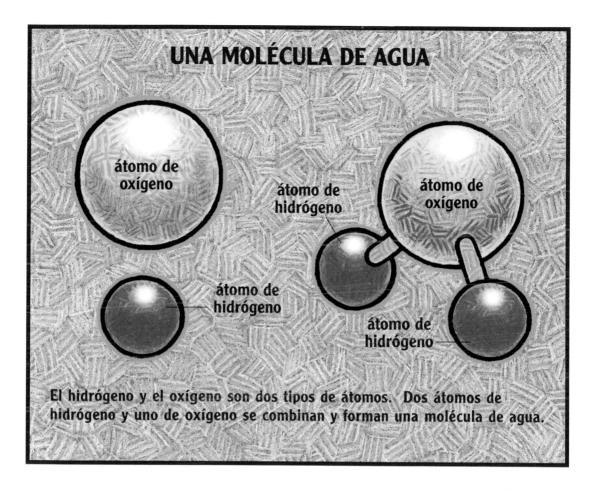

UNA MOLÉCULA DE AGUA

átomo de oxígeno

átomo de hidrógeno

átomo de oxígeno

átomo de hidrógeno

átomo de hidrógeno

El hidrógeno y el oxígeno son dos tipos de átomos. Dos átomos de hidrógeno y uno de oxígeno se combinan y forman una molécula de agua.

La materia está formada por partículas diminutas llamadas átomos. Un átomo es tan pequeño que no podemos verlo. En el punto al final de esta oración caben millones de átomos. Los átomos se pueden unir y formar moléculas. Por ejemplo, una molécula de agua tiene dos átomos de hidrógeno y un átomo de oxígeno.

Las moléculas siempre están en movimiento. Pero las moléculas se mueven de maneras diferentes en los sólidos, los líquidos y los gases.

Las moléculas que están muy amontonadas no pueden moverse mucho. Estas moléculas forman un sólido. Las moléculas de agua amontonadas forman el hielo. El hielo es un sólido.

Estos niños están muy juntos. Son como las moléculas de un sólido.

Estos niños tienen mucho espacio para moverse. Son como las moléculas de un gas.

Las moléculas que no están muy amontonadas forman un líquido. Las moléculas de un líquido pueden moverse libremente. Es por eso que puedes verter el agua de una jarra a un vaso.

Las moléculas de los gases están separadas y se mueven todavía más libremente. Están tan separadas que no podemos verlas. No podemos ver el aire. Pero podemos ver qué pasa cuando el aire se mueve. El aire en movimiento se llama viento.

Toda la materia está hecha de moléculas. ¿Qué hacen las moléculas cuando algo produce sonido?

CAPÍTULO 2
LAS ONDAS DE SONIDO

Las moléculas de todos los tipos de materia vibran cuando algo produce sonido. Las vibraciones se llaman ondas de sonido. Un juguete llamado Slinky puede mostrarte cómo se mueven las ondas de sonido.

Coloca el Slinky sobre una mesa. Estira los extremos aproximadamente a 2 pies (0.6 metros) de distancia. Rápidamente desliza una mano unas pocas pulgadas hacia la otra mano.

Las fotografías de estas páginas muestran cómo se mueve una onda a lo largo del Slinky.

Una onda se mueve a lo largo del Slinky. La onda viaja a través de cada espiral y hace que vibre. La espiral deja de moverse después de que pasa la onda. Las ondas de sonido se mueven de una molécula a otra de la misma forma que la onda se mueve de una espiral a la siguiente.

Una onda del Slinky se mueve sólo en una dirección. Pero las ondas de sonido se extienden en todas las direcciones. Al extenderse, se debilitan. Compruébalo tú mismo. Busca un amigo y ponte a aproximadamente 25 pies (7 metros) de distancia. Susúrrale algo.

Las ondas de sonido de tu susurro se extienden en todas las direcciones. Sólo unas cuantas viajan hacia tu amigo. Al extenderse, se debilitan. Por eso tu amigo no puede oírte.

Las ondas de sonido se extienden como las ondas que ves en el agua.

No grites por la manguera, porque podrías lastimar el oído de tu amigo.

Puedes impedir que las ondas de sonido se extiendan. Necesitarás una manguera de jardín. Asegúrate de que no haya agua dentro de la manguera. Pide a tu amigo que sostenga un extremo cerca de su oído. Tú sostén el otro extremo. Susurra algo en la manguera. ¿Puede oírte tu amigo?

La manguera impide que las ondas de sonido se extiendan y se debiliten. Casi todas las ondas llegan al oído de tu amigo.

17

También puedes hacer que las ondas de sonido reboten. Cuando tiras una pelota contra la pared, la pelota rebota. Una onda de sonido también rebota en una superficie dura.

Esta pelota rebota contra una pared sólida. Las ondas también rebotan.

Puedes hacer eco en una habitación vacía.

Párate en el medio de una habitación vacía y grita. Oirás el eco de tu grito. Un eco es una onda de sonido reflejada.

Las ondas de sonido de tu grito viajaron desde tu boca hasta las paredes de la habitación. Luego, las ondas de sonido rebotaron en las paredes y viajaron de vuelta hacia ti.

Algunos objetos transportan el sonido mejor que otros. Busca una cacerola de metal, un trapo de cocina y una cuchara de metal.

Sostén el mango de la cacerola. Golpea el fondo de la cacerola con la cuchara. Suena como una campana. Las moléculas de metal de la cacerola están muy amontonadas. Las ondas de sonido se mueven con fuerza de una molécula a otra.

La cacerola de metal y la cuchara de metal son sólidas.

El trapo es sólido. Pero también tiene espacios por donde puede entrar el aire.

Dobla el trapo y colócalo sobre la mesa. Golpéalo con la cuchara. Esta vez, oyes un ruido sordo. Las moléculas que forman el trapo no están amontonadas como las moléculas de metal. Las moléculas del trapo tienen aire a su alrededor. Las ondas de sonido se extienden y se debilitan cuando se mueven a través del trapo.

Antes de oír un trueno, vemos su relámpago. Eso es porque las ondas de luz viajan más rápidamente que las ondas de sonido. ¿A qué velocidad viajan las ondas de sonido?

CAPÍTULO 3

LA VELOCIDAD DEL SONIDO

¿A qué velocidad se mueven las ondas de sonido? Un sonido emitido a 1 milla (1.6 kilometros) de distancia tarda aproximadamente cinco segundos en llegar a ti. El sonido se mueve a una velocidad de unos 1,096 pies (334 metros) por segundo. ¡Eso es bastante rápido!

22

Las moléculas del aire caliente se mueven rápidamente. Chocan mucho entre sí, como estos niños.

Las ondas de sonido se mueven más rápidamente cuando hace calor que cuando hace frío. Las moléculas de aire chocan más entre sí cuando el aire está caliente. Así, las ondas de sonido pueden moverse de una molécula a la otra más rápidamente.

Las ondas de sonido viajan a velocidades diferentes a través de líquidos, sólidos y gases. Las ondas de sonido viajan 4 veces más rápido en el agua que en el aire. Esto sucede porque las moléculas de agua están más juntas que las moléculas de aire. Una onda de sonido puede pasar de una molécula a otra muy rápidamente.

Las ondas de sonido se mueven rápidamente a través del agua.

Las ondas de sonido viajan a través de la madera todavía más rápidamente que en el agua.

Las moléculas de madera están más juntas que las moléculas de agua. Por eso, las ondas de sonido tardan menos tiempo en pasar de una molécula de madera a otra. Las ondas de sonido viajan 13 veces más rápido en la madera que en el aire.

Comprueba la velocidad del sonido en una pared sólida. Pídele a un amigo que se pare en un lado de la habitación. Tú ponte en el lado opuesto. Pídele a tu amigo que dé golpecitos en la pared con un bolígrafo.

El sonido que oyes no es muy fuerte. Las moléculas de aire que están entre ustedes transportan las ondas de sonido lentamente. El sonido tiene tiempo de extenderse y debilitarse.

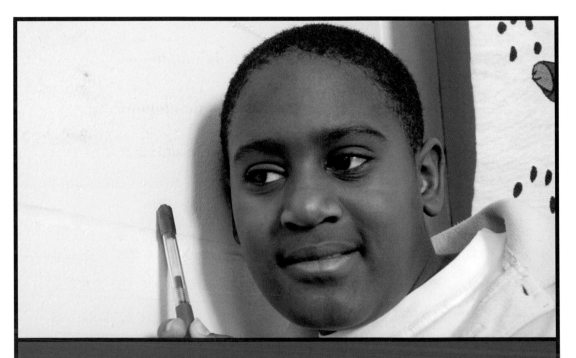

No es necesario que golpees muy fuerte el bolígrafo para que este experimento funcione.

Puedes comprobar que el sonido se mueve más rápidamente en un sólido que en un gas.

Pon tu oído contra la pared. Escucha nuevamente. Los golpes se oyen mucho más fuertes. ¿Por qué? Las ondas de sonido se mueven rápidamente por las moléculas amontonadas de la pared. El sonido no tiene tiempo de extenderse y debilitarse.

Puedes hacer un sonido agudo con una cinta elástica. ¿Qué hace que el sonido sea agudo o grave?

CAPÍTULO 4
QUE SUENE LA MÚSICA

La velocidad con la que vibra un objeto cambia el sonido que emite. Generalmente, los objetos que vibran rápido hacen sonidos agudos. Decimos que un sonido agudo tiene un tono alto.

Estira una liga entre tus pulgares hasta que esté tensa. Puntéala con el dedo meñique. El sonido que emite tiene un tono alto. La liga vibra muy rápidamente.

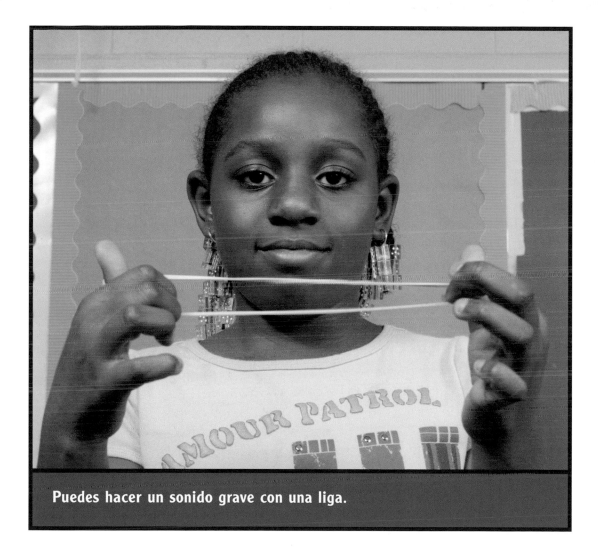

Puedes hacer un sonido grave con una liga.

Acerca tus pulgares hasta que la liga apenas esté estirada. Puntéala de nuevo. El sonido es mucho más grave. Eso ocurre porque la cinta vibra más lentamente. Decimos que un sonido grave tiene un tono bajo.

La música tiene sonidos con muchos tonos diferentes. Puedes soplar por encima de una pajilla para hacer un sonido. Una pajilla corta tiene un tono diferente que una pajilla larga. Las pajillas cortas tienen tonos más altos y las largas tienen tonos más bajos.

Al soplar por encima de una pajilla suena un sonido. También suena un sonido cuando soplas encima de la boca de una botella.

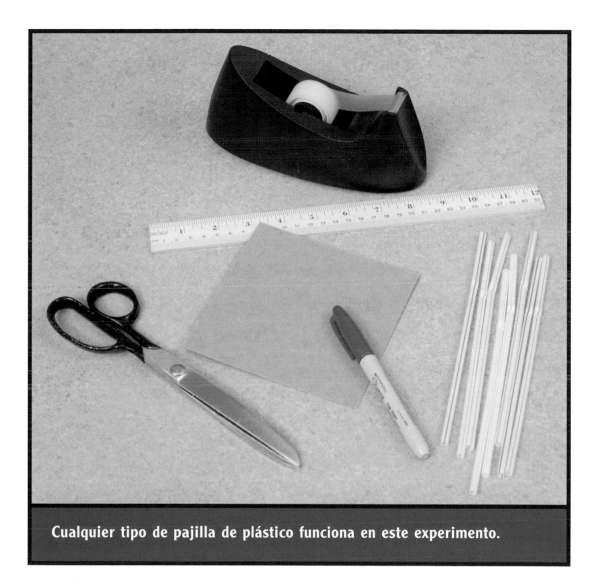

Cualquier tipo de pajilla de plástico funciona en este experimento.

Haz una flauta con pajillas y compruébalo. Necesitarás ocho pajillas de plástico, una regla, un marcador, tijeras, cinta adhesiva y un cuadro de cartón de 15 centímetros de lado.

31

Mide una pajilla con la regla. Probablemente mida 19½ centímetros de largo. Puedes cortarla si es más larga. Con el marcador, marca con una raya la pajilla a los 19½ centímetros. Corta la pajilla por la raya. Escribe el número 1 en la pajilla.

Mide con cuidado para que tu flauta de pajillas suene bien cuando la termines.

Necesitas usar tijeras filosas. Pide ayuda a un adulto si tienes problemas para cortar las pajillas.

Mide, corta y numera las otras siete pajillas.
Sus números y longitudes deben ser los siguientes:

N.º 2 = 18 centímetros   N.º 6 = 11½ centímetros

N.º 3 = 16 centímetros   N.º 7 = 10 centímetros

N.º 4 = 14½ centímetros N.º 8 = 9½ centímetros

N.º 5 = 12½ centímetros

Tu flauta está terminada. Sostén el cartón con los extremos de las pajillas cerca de tu labio inferior. Sopla por el agujero de la parte superior de cada pajilla. El tono de cada pajilla es diferente. ¿Por qué? Cuando soplas, el aire de cada pajilla vibra a una velocidad diferente. Trata de tocar una canción con tu nueva flauta.

Cuando soplas por una pajilla, haces que el aire dentro de la pajilla vibre. Esto produce un sonido.

CAPÍTULO 5

LOS SONIDOS QUE NO PODEMOS OÍR

Las personas oyen un sonido cuando un objeto vibra. Pero hay algunos sonidos que no podemos oír. No oímos nada si un objeto vibra menos de 20 veces por segundo.

Puedes agitar tu mano hacia adelante y hacia atrás rápidamente, pero no puedes agitarla más de 20 veces por segundo. Así que no oyes el sonido que produce. Las notas más bajas de un piano están cerca de 20 vibraciones por segundo.

37

Los sonidos que tienen menos de 20 vibraciones por segundo se llaman infrasonidos. Las tormentas eléctricas y los terremotos emiten infrasonidos. Sabemos que existen porque hay instrumentos especiales que los registran y los miden.

Los elefantes emiten infrasonidos para comunicarse con otros elefantes a grandes distancias.

Cada tecla del piano da una nota con una vibración diferente.

Podemos oír sonidos producidos por objetos que vibran aproximadamente 20,000 veces por segundo. La nota más alta de un piano vibra aproximadamente 15,000 veces por segundo.

Los sonidos que tienen vibraciones de más de 20,000 veces por segundo se llaman ultrasonidos. Los murciélagos emiten ondas de ultrasonido.

Los murciélagos vuelan de noche, cuando no hay suficiente luz para ver. Así que usan las ondas de ultrasonido para guiarse. Las ondas chocan contra objetos como la tierra, las ramas de los árboles y los insectos. Los sonidos hacen ecos que los murciélagos pueden sentir.

Los murciélagos usan el sonido para volar de noche.

ondas de sonido

Este murciélago usa las ondas de ultrasonido para cazar un insecto.

Los ecos le indican al murciélago por donde volar. La onda de ultrasonido rebota en el insecto. ¡Así, el murciélago puede atrapar el insecto y comérselo!

Has aprendido mucho sobre el sonido. La materia vibra cuando se hace un sonido. El sonido viaja en ondas. Los sonidos pueden tener tonos altos o bajos.

Puedes hacer que las cuerdas de una guitarra vibren, y que suene la música.

Tú oyes muchos sonidos durante el día. ¿Cuál es tu sonido favorito?

Siéntate o quédate quieto durante un minuto. Cierra los ojos y escucha atentamente. ¿Qué oyes? ¡Ojalá sea algo que suene bien!

SOBRE COMPARTIR UN LIBRO

Al compartir un libro con un niño, usted le demuestra que leer es importante. Para aprovechar al máximo esta experiencia, lean en un lugar cómodo y tranquilo. Apaguen el televisor y eviten otras distracciones, como el teléfono. Estén preparados para comenzar despacio. Túrnense para leer distintas partes del libro. Deténganse de vez en cuando para hablar de lo que están leyendo. Hablen sobre las fotografías. Si el niño comienza a perder interés, dejen de leer. Cuando retomen el libro, repasen las partes que ya han leído.

DETECTIVE DE PALABRAS
La lista de la página 5 contiene palabras que son importantes para entender el tema de este libro. Conviértanse en detectives de palabras y búsquenlas mientras leen juntos. Hablen sobre el significado de las palabras y cómo se usan en la oración. ¿Alguna de estas palabras tiene más de un significado? La definición de las palabras se encuentra en el glosario de la página 46.

¿QUÉ TAL UNAS PREGUNTAS?
Use preguntas para asegurarse de que el niño entiende la información del libro. He aquí algunas sugerencias:

> ¿Qué nos dice este párrafo? ¿Qué muestra la imagen? ¿Qué crees que aprenderemos ahora? ¿Qué son las vibraciones? ¿El sonido se mueve más rápido en un gas o en un sólido? ¿Puedes nombrar algunos animales que oyen sonidos que las personas no pueden oír? ¿Cuál es tu parte favorita del libro? ¿Por qué?

Si el niño tiene preguntas, no dude en responder con otras preguntas, como: ¿Qué crees *tú*? ¿Por qué? ¿Qué es lo que no sabes? Si el niño no recuerda algunos datos, consulten el índice.

PRESENTACIÓN DEL ÍNDICE
El índice le permite al lector encontrar información sin tener que revisar todo el libro. Consulte el índice de la página 48. Elija una entrada, por ejemplo, *música*, y pídale al niño que use el índice para averiguar cómo se puede usar el sonido para crear música. Repita este proceso con todas las entradas que desee. Pídale al niño que señale las diferencias entre el índice y el glosario. (El índice le sirve al lector para encontrar información, mientras que el glosario explica el significado de las palabras.)

EL SONIDO

LIBROS

Baker, Wendy, and Andrew Haslam. *Sound*. New York: Thompson Learning, 1995. Haz experimentos complejos sobre el sonido y los instrumentos musicales siguiendo las instrucciones de este libro.

Bradley, Kimberly Brubaker. *Energy Makes Things Happen*. Nueva York: HarperCollins, 2003. Este libro describe los muchos tipos de energía que nos rodean.

Henbest, Nigel, and Heather Couper. *Physics*. New York: Franklin Watts, 1983. Este libro presenta conceptos básicos de la física, la ciencia de la materia y la energía.

Tocci, Salvatore. *Experiments with Sound*. Nueva York: Children's Press, 2001. Aprende sobre el sonido y tu cuerpo, sobre cómo funcionan tus oídos y cuerdas vocales.

Wong, Ovid K. *Is Science Magic?* Chicago: Children's Press, 1989. Este libro está lleno de experimentos basados en los principios de la materia y la energía.

Wood, Robert W. *Sound Fundamentals: Fantastic Science Activities for Kids*. Philadelphia: Chelsea House Publishers, 1997. Haz 29 experimentos divertidos y aprende más acerca de la ciencia del sonido.

SITIOS WEB

Neuroscience for Kids—Hearing Experiments
http://faculty.washington.edu/chudler/chhearing.html
Esta página contiene información acerca del oído y la audición, además de divertidos experimentos sobre el sonido que puedes hacer.

The Science of Music
http://www.exploratorium.edu/music/index.html
Aprende más acerca de la música usando este divertido sitio para crear tu propia música.

GLOSARIO

átomos: partículas diminutas que pueden unirse para formar moléculas

eco: un sonido que se vuelve a oír después de que las ondas de sonido chocan contra una superficie y rebotan

infrasonido: tipo de sonido cuyo tono es demasiado bajo para que las personas puedan oírlo

materia: todo lo que puede pesarse y ocupa espacio. Todas las cosas están hechas de materia.

molécula: la cantidad más pequeña de sustancia que puede hallarseondas de sonido: vibraciones que pueden oírse o medirse

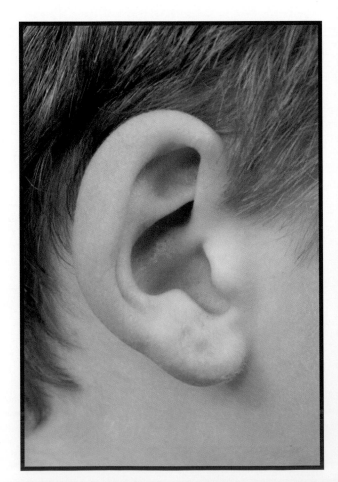

reflejar: rebotar en una superficie

ruido: un sonido alto o fuerte

tono: qué tan aguda o grave suena una nota musical

ultrasonido: tipo de sonido cuyo tono es demasiado alto para que las personas puedan oírlo

vibraciones: movimientos rápidos hacia adelante y hacia atrás

ÍNDICE

Las páginas indicadas en **negritas** hacen referencia a fotografías.

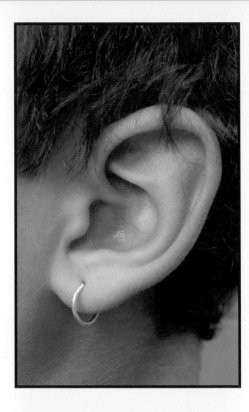

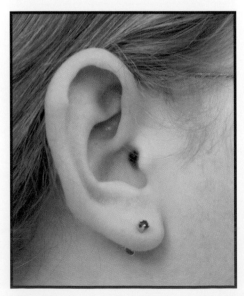